Fiestas con velas

Las posadas

Jennifer Blizin Gillis

Traducción de Beatriz Puello

Heinemann Library
Chicago, Illinois

Customer Service 888-454-2279
Visit our website at www.heinemannlibrary.com

Designed by Sue Emerson, Heinemann Library
Printed and bound in the U.S.A. by Lake Book

06 05 04 03 02
10 9 8 7 6 5 4 3 2 1

Library of Congress Cataloging-in-Publication Data
Gillis, Jennifer, 1950-
  [Las posadas. Spanish]
  Las posadas/ Jennifer Blizin Gillis.
    p. cm. — (Fiestas con velas)
Includes index.
Summary: A basic introduction to the Las Posadas holiday.
  ISBN: 1-58810-786-8 (HC), 1-58810-833-3 (Pbk.)
  1. Posadas (Social custom)—Juvenile literature. [1. Posadas (Social custom) 2. Holidays.
  3. Spanish language materials.] I. Title. II. Series.
  GT4987.16 .G5518 2002
  394.266—dc21
                    2001051482

Acknowledgments
The author and publishers are grateful to the following for permission to reproduce copyright material:
pp. 4, 7, 8, 20, 22 Robert Frerck/Odyssey/Chicago; p. 5 Jerome Longawa; p. 9 TRIP/S. Grant; p. 10 Jose Carrillo/PhotoPhile; p. 11 Doug Wilson; p. 12 Albert Molday/National Geographic Image Collection; p. 13 Danny Lehman/Corbis; p. 14 Charles and Josette Lenars/Corbis; p. 15 Myrleen Ferguson Cate/PhotoEdit, Inc.; pp. 16, 21 Rafael Crisostomo; p. 17 Robin Dunitz/DDB Stock Photo; p. 18 Gary A. Conner/DDB Stock Photo; p. 19 Spencer Grant/Photo Edit, Inc.

Cover photograph courtesy of Robert Frerck/Odyssey/Chicago

Every effort has been made to contact copyright holders of any material reproduced in this book. Any omissions will be rectified in subsequent printings if notice is given to the publisher.

Special thanks to our bilingual advisory panel for their help in the preparation of this book:
Aurora García
Literacy Specialist
Northside Independent School District
San Antonio, TX

Argentina Palacios
Docent
Bronx Zoo
New York, NY

Ursula Sexton
Researcher, WestEd
San Ramon, CA

Laura Tapia
Reading Specialist
Emiliano Zapata Academy
Chicago, IL

Unas palabras están en negrita, **así.**
Las encontrarás en el glosario en fotos de la página 23.

Contenido

¿Qué son las posadas?

Las posadas son una fiesta con velas.

Es una celebración navideña de México.

Es una fiesta para los que creen
en **Jesús.**

Las posadas recuerdan la noche
en que Jesús nació.

¿Cuándo son las posadas?

DICIEMBRE						
1	2	3	4	5	6	7
8	9	10	11	12	13	14
15	16	17	18	19	20	21
22	23	24	25	26	27	28
29	30	31				

Las posadas son en diciembre.

Duran nueve noches.

La última noche es la **Nochebuena.**

Es la víspera de la Navidad.

¿Qué se hace en las posadas?

En las posadas se hacen **procesiones**.

La gente de la procesión busca posada para pasar la noche.

La procesión para en una casa o en una iglesia.

Todos cantan un villancico y piden permiso de entrar.

¿Qué ropa se usa en las posadas?

Unas personas se disfrazan de pastores.

Los niños se disfrazan de **ángeles.**

sombrero

También se usa ropa típica de México.

Aquí vemos un mariachi con un **sombrero** grande.

¿Cómo son las luces de las posadas?

farol

En las procesiones se llevan **faroles.**

farolito

Fuera de las casas, se ponen bolsas con velas.

Se llaman **farolitos.**

¿Cómo son las decoraciones?

Dentro de las casas se hacen **nacimientos**.

En el nacimiento se pone un **pesebre**.

En la Nochebuena, se pone una estatua de **Jesús** en el pesebre.

¿Qué se come en las posadas?

taco   enchiladas

En las posadas se comen **enchiladas,** tacos y otros platillos mexicanos.

Se toma jugo de frutas
o chocolate caliente.

¿A qué se juega en las posadas?

Los adultos cuelgan una **piñata**.

La piñata de las posadas es una estrella grande de papel.

Los niños rompen la piñata,
¡y caen dulces y frutas!

¿Se dan regalos en las posadas?

Los niños reciben dulces y frutas de la **piñata**.

A veces los niños reciben bolsas
con juguetes y dulces.

Prueba

¿Cómo se llaman estas cosas?

Busca las respuestas en la página 24.

Glosario en fotos

ángel
página 10

enchiladas
página 16

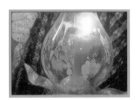

farol
página 12

farolitos
página 13

Jesús
páginas 5, 15

pesebre
página 15

nacimiento
página 14

Nochebuena
página 7, 15

piñata
páginas
18, 19, 20

procesión
páginas 8, 9

sombrero
página 11

23

Nota a padres y maestros

Leer para buscar información es un aspecto importante del desarrollo de la lectoescritura. El aprendizaje empieza con una pregunta. Si usted alienta las preguntas de los niños sobre el mundo que los rodea. los ayudará a verse como investigadores. Cada capítulo de este libro empieza con una pregunta. Lean la pregunta juntos. Miren las fotos. Traten de contestar la pregunta. Después, lean y comprueben si sus predicciones son correctas. Piensen en otras preguntas sobre el tema y comenten dónde pueden buscar la respuesta. Ayude a los niños a usar el glosario en fotos y el índice para practicar nuevas destrezas de vocabulario y de investigación.

Índice

Respuestas de la página 22

nacimiento

ángel farol